Pragmatik und Ethik
in der Kunst des Führens.

IAK Team Verlag

Herausgeber:
IAK Institut
für angewandte Kreativität
Haus Landscheid 4
5093 Burscheid
Telefon 0 21 74 / 4 10 47 - 48

IAK Autorenteam:
Dipl.-Kfm. C. Quiske
Dipl.-Kfm. R. Wetz
Dr. D. Herbert
Dipl.-Kfm. S. Skirl
Dipl.-Soz. B. Adriani
Dipl.-Kfm. D. Lange
Dipl.-Psych. R. Cornelius
Dipl.-Kfm., Dipl.-Ing. W. Lasko
Dr. D. Buchner

Textgestaltung:
Uwe Krauss, München

Design:
Arbeitsgemeinschaft
für visuelle und verbale
Kommunikation
Uwe Loesch, Düsseldorf

Holzschnitte:
Peter Wullimann, Schweiz

Druck und Verarbeitung:
MICHELPRESSE Düsseldorf

Satz:
ABC Fotosatz-Studio GmbH.
Düsseldorf

Lithografie Holzschnitte:
Henzi AG, Bern

© 1987 IAK Team Verlag
2. Auflage
Alle Rechte, insbesondere das
des auszugsweisen Abdrucks
und das der fotomechanischen
Wiedergabe, vorbehalten.
ISBN 3-924609-00-4

Tenebrae

Tenebrae

Schlägt man Broschüren auf, die Firmen zum Anlaß ihrer Jubiläen herausgeben, trifft man immer auf ein Stück Geschichte. Aus ihr lernt man, worauf eine erfolgreiche Unternehmensleitung stets achten mußte, damit sie überleben konnte: Auf den Wandel der Zeit, der Umstände, der Gegebenheiten.

Verschlief jemand das „Zeichen der Zeit", das diesen Wandel ankündigte, verschloß er sich dem „Wandel der Auffassung", mißachtete er das „Gebot der Stunde" – die Folge war immer der Mißerfolg oder Untergang.

Jeder weiß aus Sinnspruch-Wahrheiten, daß nichts beständiger ist als der Wandel, und die großartigen Firmengründer aus der Kinderzeit europäischer Industrialisierung wußten das genau so gut wie die heutigen: Wandel ist Naturgesetz.

Nur: der Unterschied zum heutigen Datum besteht in der unvorstellbaren Akzeleration der Ereignisse. Der Wandel wird nicht mehr als Funktion, darstellbar in einer Kurve, empfunden, sondern als Kurvenschar, als ein Wirbel von Veränderungen.

Dank Medienvielfalt gibt es Meinungsvielfalt, dank Gedankenfreiheit eine Vielfalt der Ansichten und Vorschläge in breiter Öffentlichkeit – aus der privaten ist eine politische Sache geworden.

Ein Vorteil dieser Entwicklung ist, daß Zeichen und Signale des Wandels deutlicher gesetzt werden und schneller ablesbar sind. Man kann schneller, muß aber auch schneller reagieren. Letzteres kann ein Nachteil sein.

Betroffen von diesem Dilemma sind alle Führungskräfte, weil ihre Reaktionen, Einschätzungen und Entscheidungen für das Überleben ihrer Unternehmen von Bedeutung sind. Sie sind Strategen und Architekten, Diagnostiker und Therapeuten zugleich. Sie sind privilegiert.

Privilegien bringen Pflichten, die mit dem Mitmenschen, dem Mitarbeiter zu tun haben. Die Führungskräfte sind aufgefordert, Zeitenwandel zu erkennen und Erkenntnisse auf ihre personelle Umgebung zu übertragen: Normen, Wertvorstellungen und Zielsetzungen sind nicht unumstößlich, sondern stets wandelbar. Das gilt für das Individuum wie für die Gesellschaft.

Für alle Bereiche, die der Mensch berührt, so auch für seine Unternehmen, gilt das evolutionäre Gesetz:

Was noch vor kurzem Geltung hatte, kann morgen nachgerade falsch sein.

Dies einzusehen, Wandlungsprozesse zu erkennen, auf sie zu reagieren, sie sogar selbst einzuleiten, ist Aufgabe der Führungskräfte, wenn sie der Sackgasse aus dem Wege gehen wollen. Aber nicht wenige Unternehmen kranken und fürchten, den Herausforderungen schon in der nächsten Zukunft nicht mehr gewachsen zu sein.

Da die Unternehmen von Unternehmenden, also Menschen, leben und durch sie funktionieren und wirtschaften, erscheint es zweckmäßig, den Einstellungs- und Bewußtseinsstand dieser Menschen zu untersuchen. Listet man die Beobachtungen auf, entsteht der beklagte Katalog des Fehlverhaltens.

Katalog des Fehlverhaltens.

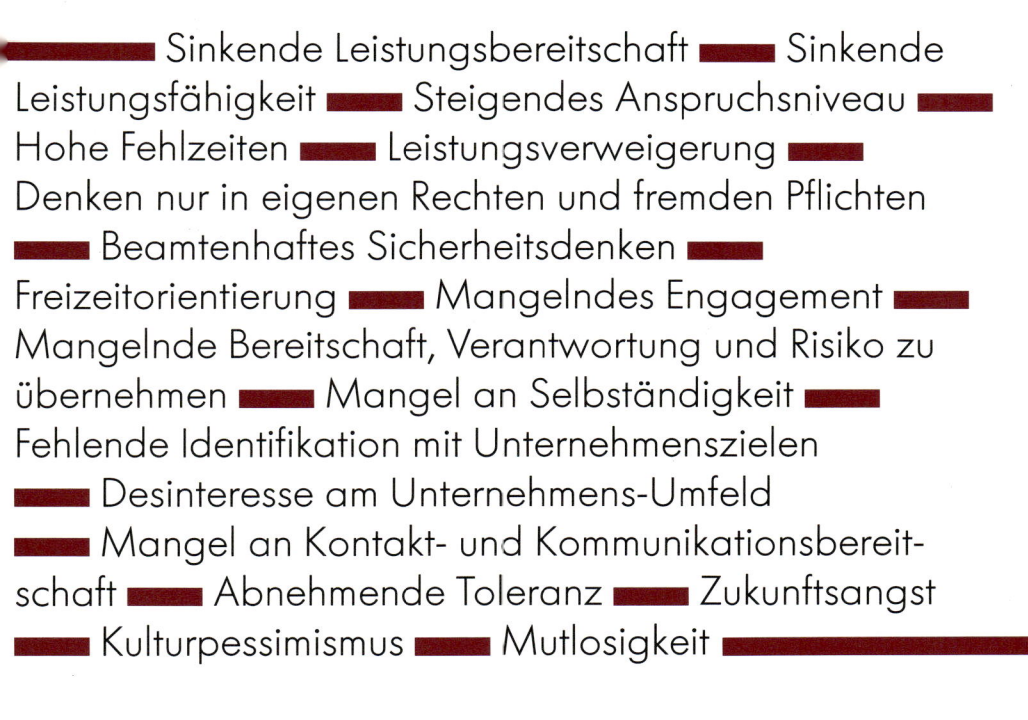

■ Sinkende Leistungsbereitschaft ■ Sinkende Leistungsfähigkeit ■ Steigendes Anspruchsniveau ■ Hohe Fehlzeiten ■ Leistungsverweigerung ■ Denken nur in eigenen Rechten und fremden Pflichten ■ Beamtenhaftes Sicherheitsdenken ■ Freizeitorientierung ■ Mangelndes Engagement ■ Mangelnde Bereitschaft, Verantwortung und Risiko zu übernehmen ■ Mangel an Selbständigkeit ■ Fehlende Identifikation mit Unternehmenszielen ■ Desinteresse am Unternehmens-Umfeld ■ Mangel an Kontakt- und Kommunikationsbereitschaft ■ Abnehmende Toleranz ■ Zukunftsangst ■ Kulturpessimismus ■ Mutlosigkeit ■

Das sind Innovationsblockaden, die überlebensgefährlich sind.

Woran liegt das?
Wir tun doch alles!

Alles!?: Eine Inflation neuer Organisationskonzepte ist da. Eine Flut von Ratschlägen und Therapie-Anweisungen. Laufend werden Marktforschungsmethoden, neue Beurteilungs-, Bewertungs-, Beförderungs-/Belohnungs-Raster empfohlen, „management-by"-Rezepte konzipiert und ausprobiert.

Da sind computergestützte Informations-Systeme die Hoffnung, dort Kostenvergleiche, Netzplanüberwachung oder ein System von Erfolgs- und Mißerfolgs-Statistiken. Incentives sollen stimulieren. Die Anstrengungen sind gewaltig und teuer.

Aber: Die Herausforderung liegt immer weniger im Technisch-Ökonomisch-Organisatorischen. Sie ist vielmehr zunehmend geistiger, kultureller, kommunikativ-sozialer Natur. Dort müssen Antworten gesucht und gefunden werden, die für eine zukunftsorientierte Unternehmenspolitik relevant sind.

Die Unternehmens-Strategien der 80er Jahre mit ihren nach wie vor klaren materiellen Zielsetzungen werden nur dann Erfolgschancen haben, wenn sie in einer werte-orientierten Philosophie wurzeln und Sinnorientierung bieten für das Denken, Fühlen und Handeln der Menschen. Denn Krisen, wo immer sie auftreten, sind allemal auch Sinn- und Orientierungskrisen. Die Führungskräfte, die Strategen und Architekten der Unternehmen, sind aufgerufen, ihren Führungsstil nicht nur an pragmatischen, sondern an ethischen Maßstäben überprüfend zu messen, wenn sie in der Kunst der Menschenführung erfolgreich bleiben wollen.

Diese Studie will Orientierungshilfe geben.

Welche Parameter bestimmen in welcher Abfolge das Funktionieren einer Unternehmung?

Ergebnis

Das Augenmerk jeder gewinnorientierten Organisation ist gerichtet auf sichtbare, greifbare, meßbare, auszuweisende Ergebnisse: Das Produkt, der Umsatz, der Gewinn, die Zuwachsrate, der Marktanteil, Geltung, Ansehen, Kreditwürdigkeit, Liquidität dokumentieren den Erfolg und zeigen, ob das Unternehmensziel erreicht ist. Woher das kommt, wird so lange nicht hinterfragt, so lange „alles stimmt". Aber wenn Tendenzen abwärts zielen, richtet sich das Augenmerk auf das Feld der denkbaren Ursachen. **Woran liegt das?**

Ergebnis

Das Augenmerk jeder gewinnorientierten Organisation ist gerichtet auf sichtbare, greifbare, meßbare, auszuweisende Ergebnisse: Das Produkt, der Umsatz, der Gewinn, die Zuwachsrate, der Marktanteil, Geltung, Ansehen, Kreditwürdigkeit, Liquidität dokumentieren den Erfolg und zeigen, ob das Unternehmensziel erreicht ist. Woher das kommt, wird so lange nicht hinterfragt, so lange „alles stimmt". Aber wenn Tendenzen abwärts zielen, richtet sich das Augenmerk auf das Feld der denkbaren Ursachen. **Woran liegt das?**

Prozeß

Liegt es am Verfahren? Unternehmerische Ergebnisse resultieren aus Verfahren, Prozessen und den Handlungen aller beteiligten Menschen. Will man Ergebnisse verbessern, wird man Verfahren, Prozesse, Handlungen verändern wollen: z. B. durch neue Organisations-, Führungs-, Motivationskonzepte, neue Marketingstrategien, neue technologische Verfahren … Aber: Wenn das Ergebnis immer noch nicht den gewünschten Erfolg zeigt … **Woran liegt das?**

Prozeß

Liegt es am Verfahren? Unternehmerische Ergebnisse resultieren aus Verfahren, Prozessen und den Handlungen aller beteiligten Menschen. Will man Ergebnisse verbessern, wird man Verfahren, Prozesse, Handlungen verändern wollen: z.B. durch neue Organisations-, Führungs-, Motivationskonzepte, neue Marketingstrategien, neue technologische Verfahren ... Aber: Wenn das Ergebnis immer noch nicht den gewünschten Erfolg zeigt ... **Woran liegt das?**

Antwort: Die Einstellung, das Bewußtsein aller in einem Unternehmen arbeitenden Menschen bestimmt ihre Leistungsbereitschaft und Leistungsfähigkeit und damit ihr Handeln. Ihre Handlungen führen über bestimmte Prozesse zu Ergebnissen.

Einstellung und Bewußtsein (potentielle Energie) setzt über Handlung zweckmäßige Prozesse in Gang (kinetische Energie), die zu Ergebnissen führt (geleistete Arbeit). Die Qualität des Bewußtseins, mit dem die Menschen zu ihren Unternehmungen und zu ihrem Unternehmen stehen, entscheidet über Erfolg und Mißerfolg.

Eine negative Einstellung des einzelnen Menschen zu sich und zu anderen, zu seiner Arbeit und zu seinem Unternehmen führt zu negativen Verhaltensweisen, Handlungen und Prozessen. Daraus resultieren negative Ergebnisse.

Jede Strategie, die auf die Verbesserung der Überlebensfähigkeit von Unternehmen zielt, muß auf einer Einstellungs- und Bewußtseins-Entwicklung aller Führungskräfte und Mitarbeiter basieren.

Hier liegt der Ansatzpunkt zu jedem quantitativen und qualitativen Wachstum. Wenn sich Einstellung und Bewußtsein des einzelnen Menschen in einem Unternehmen positiv entwickeln, dann gewinnt jeder einzelne und es gewinnt das Unternehmen.

Einstellung
Bewußtsein

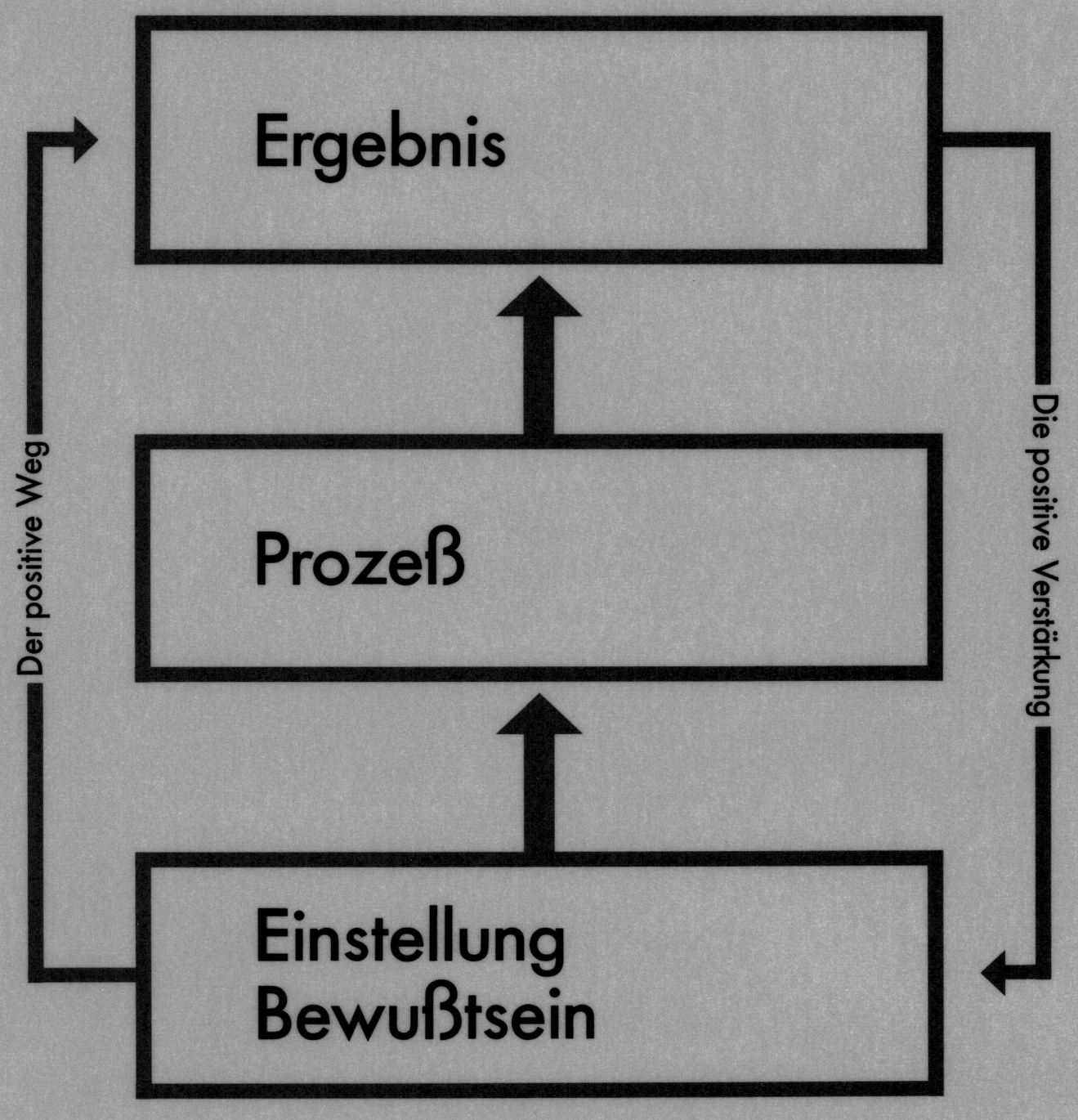

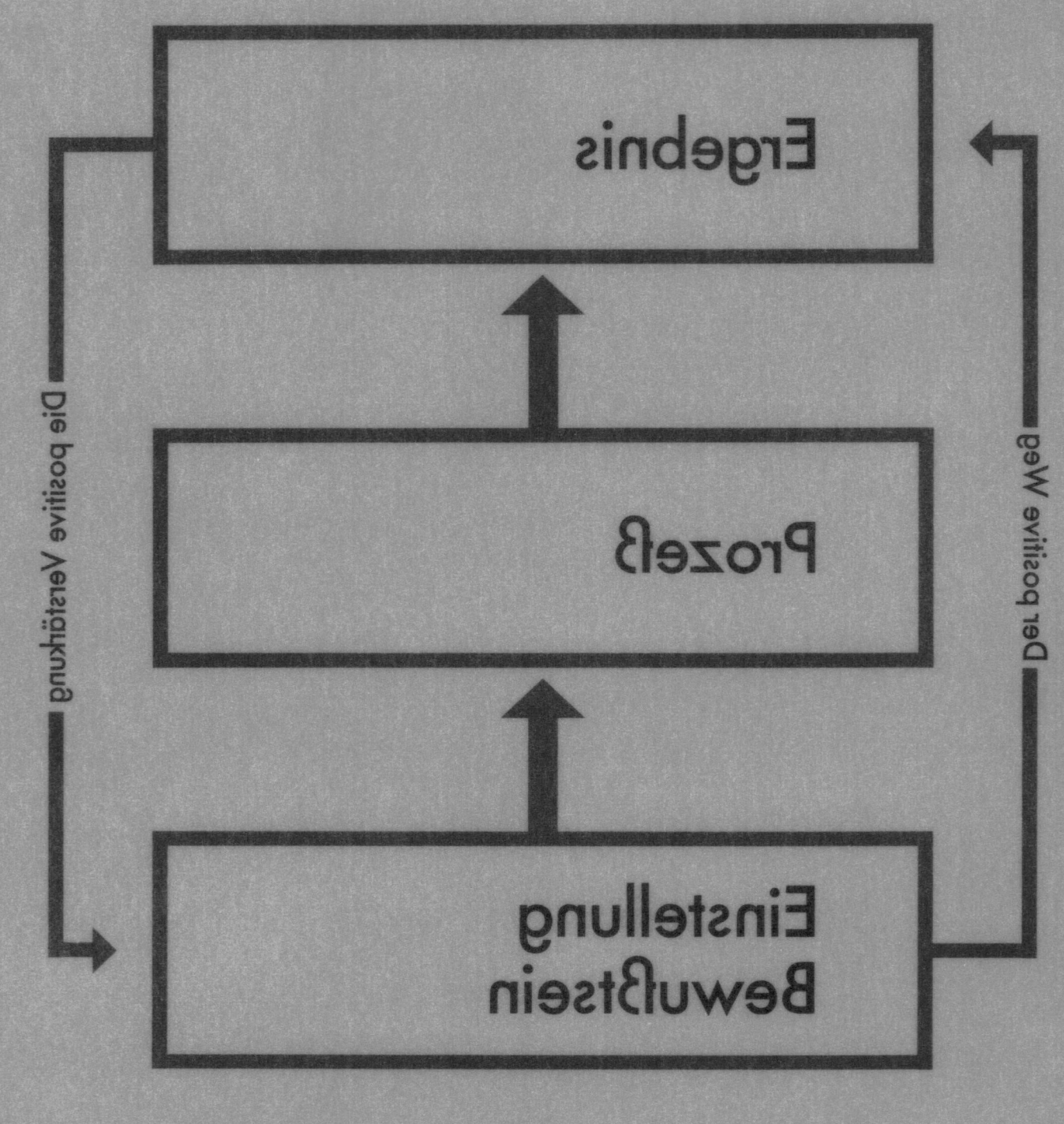

Wer lernt, sich nicht nur an Tagesergebnissen zu orientieren und erkennt, daß sie resultieren und ihre Wurzeln tief im menschlichen Bewußtsein versenkt haben, weiß auch, wo er zu suchen hat: Beim Menschen. Allein er bringt Ideen und Visionen hervor, die er planend umsetzt in Ergebnisse/Produkte für den Menschen.

Nicht er muß dem Unternehmen zuliebe eingespannt und kontrolliert werden – vielmehr muß das Unternehmen dafür sorgen, daß ihm ein angemessener Raum für Produktivität bleibt.

Wer dieses Potential nutzen will, soll sich fragen, ob sein Verhalten zum Mitarbeiter, seine Einstellung zum Mitmenschen einen Wandel nicht zwingend vorschreibt.

Wandel

Wandel

Die Kunst des Führens

Die Kunst des Führens

Einstellungs- und Bewußtseinswandel

1. Von Information zur Kommunikation
2. Von Reaktion zur Aktion
3. Von Konfliktscheu zur Risikobereitschaft
4. Von Entfremdung zur Identifikation
5. Von Reproduktion zur Innovation
6. Von Egozentrik zur Kooperation
7. Vom Perfektionismus zur Exzellenz

1

Ich mache alles nur noch schriftlich
... laut Protokoll vom ...
... nach den Richtlinien des ...
... wie seinerzeit schriftl. vereinbart...
... gemäß Art. 17, Abs. 2.2.1 ...

Ist: Der Informationsfluß innerhalb modern organisierter Unternehmen wird in der Regel von schriftlichen Mitteilungen gespeist. Durch immer schnellere und „intelligentere" Techniken der Informationsaufbereitung und -übertragung schwillt dieser einseitige Informationsfluß (Einbahnstraße) rapide, ist schwer zu bewältigen.

Die Führungskraft ist dem mangels selektierender Eindämmung ungeschützt preisgegeben und fördert sogar die Ausuferung, weil sie den Satz „Information ist alles" mißversteht und sich selbst zu einer Station dieser Einbahnstraße degradiert, an der Lawine mitproduziert. Der Satz: „Die Führungskraft muß umfassend informiert sein" wird pervertiert.

Getretner Quark wird breit, nicht stark.
Goethe, Divan.

Von Information zur Kommunikation

Negative Folge, technisch: Bürokratisierung, Formalisierung. Computerwust, Protokollwut, Aktennotiz-Manie, Formularunwesen, Aktenberge führen zur Diktatur der Hilfsmittel, – der Zeitaufwand ist enorm.

Negative Folge, menschlich: Verführung zur Rechtfertigung, Selbstdarstellung, Schuldzuweisung, Beschönigung, Absicherung. Bei den Mitarbeitern entsteht aus Enttäuschung und Ärger Vertrauensverlust bis hin zur inneren Kündigung. Insgesamt wird der Intrige, dem Ressortkampf, dem Schwarzer-Peter-Spiel Vorschub geleistet.

Negative Folge, Unternehmen: Sinkende Effizienz und Wirtschaftlichkeit.

Soll: An die Stelle von mehr Information muß mehr Kommunikation treten. Kommunikation ist Dialog (Straße mit Gegenverkehr), der, weil nichtformuliert, zwar gedanklich-sachlich aber gleichrangig gefühlsmäßig orientiert ist. Auf überraschende Weise führt echte Kommunikation häufig schneller zu Ergebnissen, Konflikt- und Problemlösungen, weil die Replik gleich als feedback vorliegt.

Über Kommunikation werden Lern- und Innovationsprozesse in Gang gesetzt, Ergebnisse erzielt. Im Gegensatz zu Information bereitet Kommunikation Aktion vor, führt zu verbindlichen Vereinbarungen (commitments) und damit zu Leistungsbereitschaft und Leistungsfähigkeit.

- **Einstellungswandel:** Kommunikation setzt ein umfassendes Verständnis der eigenen Person und der des Partners voraus
  - als Menschen mit bestimmten Einstellungen, Wert-Vorstellungen und Zielen,
  - als Menschen mit wechselnder Gefühlswelt und wechselnden Stimmungen,
  - als Menschen mit Ideen- und Sachkompetenz.

Die ethische Seite: Achtung vor der Person und Würde des Partners als ethisches Prinzip. Erstrebt man Änderungen über den kommunikativen Umgang, darf man sie nicht per se von den anderen erwarten, man muß sie selbst vollziehen. Der andere kann gar nicht anders, als selbst auf Einstellungsänderungen einzugehen, er wird nachvollziehen. Sobald er bemerkt, daß der Partner es versteht, unverkrampft mit eigenen Gedanken und Gefühlen umzugehen, wird auch er mehr kommunizieren. Es versteht sich von selbst, daß auch maßvolle Distanz dazugehört, wenn Kommunikation nicht besitzergreifend und damit wieder blockierend werden soll (Respekt vor Grenzen).

Die pragmatische Seite: Die Wirksamkeit von Kommunikation ist nicht abhängig von rhetorischen Fähigkeiten, den richtigen Umständen oder der Aufnahmebereitschaft des anderen. Die Fähigkeit zu Kommunikation erwächst aus einer spezifischen geistigen Einstellung und einem Verständnisprozeß: Man braucht

- Klarheit über die eigenen Absichten und Vorstellungen;
- Klarheit über die Absichten und Vorstellungen des Partners und Respekt vor abweichenden Vorstellungen;
- die klare Absicht, jede Kommunikation mit einer Übereinkunft und Handlungsvereinbarung zu beenden, die beide oder alle Partner akzeptieren können;
- Klarheit über allseitiges commitment zur getroffenen Vereinbarung.

Nur Klarheit schafft Handlungs-Energie. Klarheit heißt eindeutig Ja sagen, wenn man Ja meint und eindeutig Nein, wenn man Nein meint, ohne den anderen in seinem Selbstwert zu verletzen. Dann bewirkt Kommunikation Identifikations-Erlebnisse, Antriebs-Energie und Ergebnisse.

Kommunikation ist ein Teil der Kunst des Führens. Sie ist erlernbar.

2

Die Umstände sind nun mal so …
Bei uns geht das nicht …
Ich würde ja gerne, aber …
Die Lage erlaubt nicht, daß …
Mir sind die Hände gebunden.

Ist: Widrige Umstände, übelwollende Mitmenschen, schlechte Voraussetzungen, miserable Zeiten, katastrophale Marktlagen, sogar der Zufall sind Schuld daran, daß die angeblich vom Pech Verfolgten ohne Fortune sind. Daß man Opfer der ungünstigen Gegebenheiten ist, wird zur Rechtfertigung für Tatenlosigkeit und Mißlingen.

Die Schuldverschiebung auf andere Personen und Umstände stoppt jede Aktion. Auf jede Herausforderung wird nur r e agiert, man ist Ball statt Schläger, Nagel statt Hammer und unterwirft sich einem negativen kybernetischen Gesetz – fühlt sich alleingelassen im Unternehmen, allein gegen den Rest der Welt.

Das führt zu einer ständigen Beschäftigung mit der Vergangenheit und zur Unfähigkeit, die Chance der Wahlfreiheit zu nutzen, Dinge tätig zu ändern, ihnen einen günstigeren Verlauf zu geben. „Was aber die Leute gemeiniglich Schicksal nennen, sind meist nur ihre eigenen dummen Streiche" (Schopenhauer).

Deckung statt Verantwortung ist die unausgesprochene Devise aller Bürokraten.
Carl Horber

Von Reaktion zur Aktion

Negative Folgen, technisch: Aus Schuldverschiebung resultiert Zeit- und Kraftaufwand als Folge von Protokollwut, endlosen Monatsberichten (Vergangenheits„bewältigung"), Umstandsschilderung – ein Papierkrieg, der wiederum der Rechtfertigung dient.

Negative Folgen, menschlich: Mangelndes Selbstwertgefühl, Lähmung, Antriebslosigkeit, Selbstmitleid, permanent unerfüllte Erwartungen, chronische Freudlosigkeit – alles Blockaden für kreatives, innovatives Handeln. Mitarbeiter werden mangels Stimulation lustlos und geneigt, ebenfalls zu Mitteln der Rechtfertigung und Schuldzuweisung zu greifen. Sie fühlen sich hintergangen, wenn sie ständig gewärtig sein müssen, zum Sündenbock für unerfreuliche Situationen gemacht zu werden. Alles Unangenehme, fühlen sie, wird in ihre Schuhe geschoben. Eines Tages nimmt man den Schuldzuweiser nicht mehr ernst – der Autoritätsverlust ist da.

Negative Folgen, Unternehmen: Sinkende Effizienz und Wirtschaftlichkeit. Aus der Reaktions-Haltung wird eine Abwart-Haltung, die von sich aus nichts bewirkt, keine Aktion erzeugt, keinen Prozeß in Gang setzt, also auch keine Ergebnisse zeitigt. Skepsis vor technischer Innovation, Technikferne, Angst vor Unbekanntem (Beispiel: Robot-Technik) sind typische Symptome. Besten-/schlimmstenfalls passiert gar nichts, wenn von außen nichts passiert. Stagnation.

Soll: An die Stelle von Reaktion muß die Aktion treten. Die Fremdbestimmung durch Umstände und Personen muß abgeschüttelt werden mit dem klaren Erkenntnisziel der Selbstverantwortlichkeit. Reaktion ist Stagnation, Aktion ist Handlung, aus der allein Ergebnisse kommen. Ein Merkmal aktiven Handelns ist die Freiheit jederzeit neue Handlungen zu wählen, Gegebenheiten zu ändern oder hinzunehmen: Bewußtes Wählen = Wahlfreiheit.

Einstellungs-Wandel: Klare Erkenntnis der Selbstverantwortung. Klare Erkenntnis, daß Gedanken, Gefühle und Handlungen mit allen Konsequenzen ursächlich eigeninitiiert sind und s o aus einem kommen, w i e man ist.

Eigenakzeptanz: „Ich bin so wie ich bin und nicht so, wie mich andere haben wollen." Nicht mehr fremdbestimmt reagieren, sondern agieren – ergo erkennen, daß man Konflikte und Schwierigkeiten deshalb nur selbst lösen kann, weil man sie selbst verursacht hat, selbst gewählt hat.

Die ethische Seite: Achtung vor dem Partner. Nicht er muß sich ändern, man selbst muß es tun. Bemerkt der Partner die Einstellungsveränderung, wird er gar nicht anders können, als sie nach-zuvollziehen. Die Wahlfreiheit der Handlung muß auch dem Partner zugestanden werden. Sie ist ein fundamentaler Grundsatz auch der christlichen Ethik, ein alter Gedanke: Der Mensch besitzt Wahlfreiheit zwischen Gut und Böse, sonst wäre er nicht für sein Tun verantwortlich zu machen. Daraus leitet sich das R e c h t auf Wahlfreiheit der Handlung ab, solange fremde Kreise nicht gestört, sondern respektiert werden.

Die pragmatische Seite: Die Führungskraft setzt durch das Beispiel des aktiven selbstverantwortlichen Handelns auch bei den Mitarbeitern Selbstverantwortlichkeit frei. Sie wird weniger von oben per Dekret delegieren, sondern erreichen, daß Mitarbeiter sich selbst die Aufgaben holen, mit anderen Worten: sich beteiligen im wohlverstandenen Eigeninteresse. Eine wesentliche Voraussetzung zum Beispiel für Projektmanagement: Setze ein Ziel und alle werden sich ihren Teil der Problemlösung holen. Die Führungsqualität erwächst aus der natürlichen Autorität dessen, der aktiv und beispielhaft selbstverantwortlich handelt. ■

**Selbstverantwortung und Wahlfreiheit sind Teile der Kunst des Führens.
Sie ist erlernbar.**

3

Das hat gerade noch gefehlt!
Da steckt nun mal der Wurm drin!
Das geht von Haus aus schief!
Dieser Konflikt ist unauflösbar!
Das Dilemma ist, daß …

Ist: In vielen Unternehmen werden auftauchende Veränderungen, die unerwartete Probleme und Schwierigkeiten mitbringen, als Krise empfunden. Plötzlich läßt sich keiner der alten „perfekten" Lösungswege mehr beschreiten und da Perfektionismus als Erfolgsgarant mißverstanden wird, wird das Problem gemieden, verdrängt, verharmlost, beschönigt. Nichts davon trägt zur Lösung bei – es entsteht ein Klima uneingestandener Panik.

Die Angst vor der Niederlage erzeugt Anspannung, die die Niederlage sozusagen vorprogrammiert, sie zumindest wahrscheinlicher werden läßt – daraus entsteht wieder Angst usf.: ein circulus vitiosus.

Nimm es als Vergnügen
und es ist ein Vergnügen,
nimm es als Qual und es ist Qual.
Aus Indien.

Von Konfliktscheu zur Risikobereitschaft

Negative Folgen, technisch: Arbeit bleibt liegen, Rat- und Planlosigkeit kosten Zeit, Rechtfertigungs- und Schuldzuweisungsverhalten (auch hier ein beliebtes Instrument) ebenso. Die Betriebs- und Organisationsstrukturen seien system-bedingt, heißt es und werden nicht mehr in Frage gestellt.

Negative Folgen, menschlich: Zaghaftigkeit oder planlose Hektik sind Reaktionen, keine Aktionen, die zur Problemlösung führen. Die Konzentrationsfähigkeit wird herabgesetzt, weil die nicht angepackte Arbeit als mahnende Qual empfunden wird, die Gedanken absorbiert. Aus Hilflosigkeit und endlicher Resignation entsteht jene Unzufriedenheit, die als versteckte Agression gegen die eigene Person zur Depression führt. Die stoppt alles.

Negative Folgen, Unternehmen: Der so Reagierende wird zum teuren, weil vermindert effektiven Mitarbeiter. Als Führungskraft setzt er Teile der Organisation außer Betrieb – die Wirtschaftlichkeit sinkt. Bei der Abschätzung eines Risikos wird mit dem Ziel einer einfachen Antwort stets nur das bewährte Instrumentarium der Analyse eingesetzt. Es gelten nur bestehende, eingefahrene Marketing-Praktiken (Schulen). Die Folge: ähnliche Produkte werden ähnlich vermarktet – man handelt sich Uniformität, Austauschbarkeit, Profilverlust ein.

Soll: Probleme und Konflikte sollen nicht gemieden oder verdeckt, sondern als Hinweis auf notwendige/überfällige Innovationen und Anpassungen begrüßt werden. Sie zwingen zu gesunder Aktion, beseitigen Trägheit. Sie sind die Chance, bislang unentdeckte Wege aufzuspüren, überraschend Nebenprodukte zu finden, auf die man sonst nie gestoßen wäre. Sie sind nicht Sand im Getriebe, sondern im Gegenteil Übungsfeld, Impuls für Innovation, Katalysator für Know-how-Entwicklung.

Einstellungswandel: Umwandlung negativer Einstellung (Ärger, Wut, Haß) in positive Energie, d. h. in kreative Aktion zur Problemlösung. Befreiung von Angst, Anspannung, Krampf. Dankbarkeit für die gebotene Übungs- und Bewährungsgelegenheit, Dankbarkeit für einen neuen Innovations-Start. Dies ist intelligente Einstellungsänderung.

Die ethische Seite: Das positiv „angenommene" Problem erzeugt Beglückung direkt aus der Chance des Kräftemessens, aus dem Spaß an der Herausforderung. Die Angst, Fehler zu machen wird umgemünzt in das Bewußtsein, Fehler als Erfahrung im Haben buchen zu können und sie nicht als Bedrohung zu empfinden.

Die pragmatische Seite: Das Durchbrechen des Regelkreises: „Angst→Anspannung→Niederlage: Angst→Anspannung→ usf." führt zur gezielt einsetzbaren Kreativität, zur echten Problemlösung. Wer Vertrauen in sein eigenes Ideen-Potential hat, hat Mut, Initiative, Ausdauer.

Die Tugend der Führungskraft besteht gerade darin, Probleme aufzudecken, wenn nicht zu schaffen. Sie ist Problemgenerator, die bei den Mitarbeitern wiederum Identifikation und den Willen zur Problemlösung induziert. Es entsteht eine Atmosphäre des Fairplay, wenn auch Mitarbeiter keine Angst vor Fehlern zu haben brauchen, sie also um so eher zugeben, entdecken, zu den Akten legen, statt sie mitzuschleppen. Sie werden ermutigt, haben Vertrauen, sind loyal. Die aus dieser Einstellung resultierenden Handlungsergebnisse sind systematisch, pragmatisch einsetzbar, verwertbar.

Die Führungskraft muß Raum schaffen für gelegentliche Fehler und muß imstande sein, Fehlentwicklungen und richtige Wege in angemessener Balance zu halten, als Berater/Seelsorger zu fungieren.
Da Fehler die Quelle der Erfahrung sind, ist der Erfolg programmiert. ▬▬▬▬▬▬▬▬▬▬

**Konflikte als Herausforderung zu begrüßen
ist Teil der Kunst des Führens.
Sie ist erlernbar.**

4

Wie lang' noch bis Feierabend?
Ich mach' meinen Job und basta!
Ist das mein Bier?
Ich werd' mir das Maul verbrennen!
Nicht mit mir!

Ist: Für jeden Mitarbeiter stand am Anfang seiner Tätigkeit in einem Unternehmen die bewußte freie Wahl dieser Tätigkeit, mit der er sich identifizieren konnte. Häufig geht diese Identifikationshaltung verloren, sei es durch Abnutzung oder sonstige Reizverluste: Die Tätigkeit wird zur Routine, an die Stelle des Enthusiasmus tritt die Distanz. Die Organisation steuert dem entgegen, indem sie objektive Zielvorgaben aufstellt (Terminziele, Budgetziele, Produktions-Soll).

Mit Führungsrichtlinien, Konferenz- und Kontrollsystemen, Seminaren, Verhaltenstraining usw. werden Hilfen und Techniken angeboten, die Ziele durchzusetzen. Ein Gemisch aus Anreiz und Strafandrohung (incentives/penalties) dient als Treibstoff. Mehr Geld, Status und Macht sind der Anreiz bei Erfolg – Entzug dieser Anreize die Bedrohung für den Fall des Mißerfolges.

Dieses System funktioniert auf Dauer meist nicht oder unvollkommen, weil es ausschließlich ziel-/ergebnisorientiert ist und nichts an der Einstellung der Menschen ändert. Wer seiner Tätigkeit entfremdet ist, erweist sich langfristig als resistent gegen Anreize und zeigt auch keine Entzugserscheinungen, wenn sie ausbleiben. Die Waffe ist stumpf geworden, weil zu häufig erlebt wurde, daß das Glücksgefühl schon beim Zieldurchgang entwertet wird und verfliegt, denn: Siehe, dort hinten wird gerade das nächste Ziel aufgebaut.

Begeisterung ist die bestbezahlte
Eigenschaft der Welt.   F. Bettger

Von Entfremdung zur Identifikation

Negative Folgen, technisch: Großer Energie- und Zeitaufwand für Schein-Motivation und das Erlernen von Techniken, die aber o h n e Bewußtseinsveränderung nur flankierende Bedeutung haben können. Andere betriebliche Negativ-Folgen sind nicht offen sichtbar (Routine täuscht „o.k." vor), und deshalb um so gefährlicher. Es gibt keine Warnsignale; die Tarnung ist perfekt.

Negative Folgen, menschlich: Rückzug von der uninteressant gewordenen, ungeliebten Tätigkeit, Resignation, innere Emigration, Flucht in die Freizeit, Herbeisehnen des Ruhestandes. Handlung und Aktion nur noch auf Anweisung. Da die Eigenkontrolle ausfällt, tritt an ihre Stelle die Über- und Fremdkontrolle. Mangels Begeisterung steht nicht mehr die Sache im Vordergrund, sondern die Wahrung der eigenen Position und der Vorteile aus dem versteckten Kampf um den Belohnungstopf. Die Restenergie wird auf Positions- und Ressortkämpfe, auf Selbstdarstellung und Rechtfertigung, auf das Austragen von Hierarchiekonflikten verwendet.

Negative Folgen, Organisation: Die Routine ist ein gefährlicher Ersatz für Einsatz, Begeisterung, Identifikation, da sie Stagnation bedeutet. Der Karrieremacher ist ein teurer Mitarbeiter, weil seine Leistung und die Resultate nicht gesteigert werden, wohl aber die Anreize immer teurer und in ihrer Wirkung immer kurzlebiger.

Soll: Der Mitarbeiter muß aus der Distanz der Entfremdung herausgelockt werden. Bei wiederhergestellter Identifikation werden Probleme und Schwierigkeiten nicht als lästige Störung empfunden, sondern als begrüßenswerte Herausforderung und Anreiz, das System aus freien Stücken zu verändern, zu verbessern. Der Streß der Bedrohung fällt weg, incentives sind nicht mehr wesentlich, sondern angenehmes Nebenprodukt, Problemverschleierungen überflüssig. Das Unternehmen wird wieder zum befriedigenden Lebensraum, das Berufsleben wird dem Privatleben wieder qualitätsadäquat. Die fortdauernde tägliche Spaltung in ein lust- und ein unlustbetontes Dasein wird beseitigt.

Einstellungswandel: Rückbesinnung auf die ursprünglich freie Wahl der Tätigkeit, auf die ursprüngliche Einstellung. Fragestellung nach den Gründen der Unlust: Habe i c h mich verändert, haben sich die A u f g a b e n verändert? Will ich wieder das schöne (jugendliche) Gefühl des Enthusiasmus empfinden und was kann ich tun, um das zu erreichen? Erkenntnis:

- der alten Tätigkeit können neue Aspekte abgewonnen werden durch Änderung der eigenen Perspektive (Wiederbelebung)
- die alte Aufgabe muß durch eine neue ersetzt werden (Scheidung)

Wichtigste Erkenntnis ist, daß es so nicht weitergeht, daß die Unerträglichkeit sich auch in die vermeintlich gesicherten privaten Bereiche hineinfrißt, also auch diese Positionen einmal verlorengehen.

Die ethische Seite: Identifikation ist die Wurzel der Begeisterung. Beide erzeugen auf direktem Weg Beglückung durch das Erlebnis der Selbstverwirklichung. Aus der Hingabe an die Sache entsteht auch Team-Geist mit den positiv empfundenen Aspekten der gegenseitigen Unterstützung, Offenheit, der gemeinsamen Kreativität ... Gedanken werden zusammen-gedacht (Ideen-Durchlässigkeit). Die Aufgabe der Führungskraft ist es, möglichst durch Vorbild die verschütteten Wege zur Identifikation auch bei den Mitarbeitern wieder freizulegen. Sie muß versuchen, das Bewußtsein zu re-orientieren.

Die pragmatische Seite: Arbeitsplatz- oder Tätigkeitsänderung, ergonomische oder organisatorische Änderungen führen gezielt aus der Entfremdung heraus, geben neue dauerhafte Impulse. Damit sind sie in jedem Fall wirtschaftlich effektiver als alles Zuckerbrot. Wird der Mitarbeiter am Prozeß der Änderung beteiligt (Bewußtsein der Wahlfreiheit und Selbstverantwortlichkeit), wird der Erfolg nachhaltig sein. Planungs- und Kontrollsysteme werden zukünftig nicht als autoritäre Überwachung, sondern als gute Hilfsmittel positiv angenommen, alle Führung als notwendige Koordination eingestuft. Das Arbeitsergebnis (Produkt) selbst gewinnt an Qualität und Marktchance, weil es nicht länger nur ein „Erzeugnis" ist, sondern eine lebendige Ware, an der fortwährend mit Hingabe gearbeitet wird. ■

Identifikation ist ein Teil der Kunst des Führens. Sie ist erlernbar.

5

Das haben schon andere versucht …
Das sind doch Spielereien …
Wir machen das immer so …
Wollen Sie das Rad neu erfinden?

Ist: In vielen Unternehmen haben es Menschen nicht leicht mit ihrem Schwung. Häufig hat ein ganzes Netzwerk von kunstvoll erdachten Reglementierungen zu verkrusteten Organisationsstrukturen geführt, weil ab origine ein negatives Menschenbild alle Handlungen prägt, nicht selten paralysiert. Es basiert auf zwei grundlegenden Irrtümern, von denen geglaubt wird, sie seien naturgesetzlich und dem Menschen angeboren. Erstens, so heißt es, ist der Mensch von Natur aus faul, antriebslos, egoistisch und kann daher nur durch Vorschriften zur Arbeit angehalten werden. Zweitens: Kreativität und Talent sind höchst ungleich auf prädestinierte Glückspilze verteilte Gaben (falscher genetischer Aspekt) und ihre Ergebnisse unplanmäßige Naturerscheinungen (Einfall, Genieblitz aus heiterem Himmel).

Falsche Annahme: Der Mensch neigt zur Reproduktion des Bestehenden und widersetzt sich jeglicher Innovation aus natürlicher Trägheit.

Falsche Folgerung: Kreativität ist daher weder erlernbar noch förderbar.

Negative Folge, technisch: Großer Zeit- und Organisationsaufwand für das Ausarbeiten, Durchsetzen und Rückkoppeln des Reglementierungs- und Vorschriften-Systems. Es ist, wie jedes Gesetzwerk, interpretationsbedürftig, kann so oder so ausgelegt und mit List umgangen werden. Hier findet Einfallsreichtum, da anderweitig verschmäht, sein zeitaufwendiges Betätigungsfeld.

Auch eine Reise von tausend Meilen
fängt mit dem ersten Schritt an.
China

Von Reproduktion zur Innovation

Negative Folge, menschlich: Der Mitarbeiter sieht sich von vornherein demütigenden Vorurteilen ausgesetzt und wird nach einer Phase der Auflehnung resignieren. Seine natürliche Kreativität verkümmert. Phantasie und Sensibilität werden, da sie als weiche, unrealistische, unmännliche Eigenschaften diskriminiert sind, sorgfältig versteckt. (Fremdbestimmung.)

Negative Folge, Unternehmen: Es gibt keine echte, allenfalls Schein-Innovation. Sie besteht in der Modifikation des Besitzstandes, im Abändern von Klischees (Produktpflege, Modellpolitik u. a.). Nichts wirklich Neues entsteht und das so lange, bis der Markt fürs Althergebrachte, „Bewährte" seines natürlichen Todes gestorben ist. Bloß empirisches Forschen und Entwickeln ist die teuerste, unsicherste und langwierigste Methode, wenn sie diesen Namen überhaupt verdient.

Soll: An die Stelle dieses im klassischen Sinne reaktionären Verhaltens muß wieder die Aktion gesetzt werden, Pioniergeist.

Essentiell ist das Aufgeben des negativen zugunsten eines positiven Menschenbildes. Es ist nicht so, daß 5% der arbeitenden Menschen kreativ und leistungswillig sind, der Rest aber lethargisch und egoistisch ist – es ist genau umgekehrt. Wird die tief verwurzelte Sehnsucht nach Verwirklichung und Anwendung der emotionalen, intuitiven, initiativen und kommunikativen Talente befriedigt, können diese Energien nicht nur abgefordert und genutzt werden – sie werden im Gegenteil bereitwillig angeboten.

Werden diese Tugenden und der natürliche Drang zur Vorwärtsbewegung, Selbstverwirklichung und Bestätigung eingedämmt, zu-reglementiert, werden sie ohne Zweifel außerhalb des Unternehmens eingesetzt: draußen in der Freizeit. Dort werden sie ausgelebt – für das Unternehmen bleibt weniger als zuvor.

Einstellungswandel: Innere Abkehr vom negativen, im Grunde menschenverachtenden Bild vom Mitarbeiter. Das strenge Klischee-Denken muß aufgegeben werden zugunsten der Absicht des Trend-setting, selbst auf die Gefahr hin, in die eine oder andere Sackgasse zu geraten. Auch die Umkehr aus der Sackgasse ist eine positive Erfahrung, weil man sie nicht zu wiederholen braucht. Vorgestanztes, „verplantes" Denken muß in Frage gestellt werden, Kreativ-Spielraum geschaffen bzw. erweitert werden.

Die Mitarbeiter sind als talentierte Angehörige eines Teams zu betrachten, die nur zu gern bereit sind, über die Grenzen ihres Ressorts hinauszudenken. Das interdisziplinäre Denken wagen und fördern, „einsame Entschlüsse" meiden, alle problemrelevanten Abteilungen und Begabungen beteiligen!

Die ethische Seite: Das quälende Gefühl, nur Bestandteil, Ausschnitt eines circulus vitiosus zu sein verschwindet. Fatalismus, Resignation wird abgebaut, der Wille zur Identifikation gefördert und damit auch die Selbstachtung. Menschenverachtung und Zynismus sind toxisch, Sarkasmus als Scheinblüte des Humors ist schal und wird als zweifelhafte Notwehr entlarvt und beseitigt. Der Abbau von Vorschriften gibt „Luft zum Atmen".

Die pragmatische Seite: Die Anwendung gruppendynamischer Techniken führt zu funktionierendem interdisziplinärem Denken und Handeln. Zielorientierte Arbeit wird also aus allen erdenklichen Ressourcen gespeist und verhindert unangenehme Überraschungen (Daran haben wir gar nicht gedacht!).

Die Folge ist eine ökonomisch bessere Nutzung des geistigen Potentials, ist höhere Effizienz durch volle Ausschöpfung der Kapazitäten. Gemeinsame Zielvereinbarungen erleichtern das Projektmanagement, weil man nicht aneinander vorbeiplant, sondern die projekteigentümlichen Probleme stets transparent bleiben. Simultanes Planen verringert den Zeitaufwand gegenüber sequentieller Planung erheblich. ∎

Innovationsstreben ist ein Teil der Kunst des Führens. Es ist erlernbar.

6

Am Ende überlebt der mit Ellbogen …
Trauen Sie niemand …
Wir müssen da knallhart sein …
Ohne Rücksicht auf Verluste …
Wenn wir nicht, dann die anderen!

Ist: Daß „am Ende" nur der Egoist überlebensfähig sei, ist einer der Sprüche, die in vielen Pausengesprächen im Schwange sind und nicht wenige verweisen seufzend auf das traumatische (Schein)-Beispiel Japan. Der Ausdruck „am Ende" entlarvt Irrtum und Widerspruch. Von welchem Ende ist denn die Rede, wo doch alle wollen, daß es gut weitergeht, daß man es gar „überlebt"?

Viele glauben, daß es um so besser um ein Unternehmen bestellt sei, je mehr Egozentriker zur Besatzung zählen. Leute, die sich um andere kümmern, werden mitunter als schwach, anlehnungsbedürftig, weich diffamiert, als ob das etwas Unanständiges sei. Daß man „damit leben" müsse, ist die verächtliche Umschreibung des Egozentrikers für das Urteil über Mit-Menschen, gefällt aus seiner „die-Welt-ist-ein-Jammertal"-Perspektive.

Ein jedes Werk, das nicht auf Liebe
gegründet ist, trägt den Keim des
Todes in sich und geht seinem Ruin
entgegen.   Pestalozzi

Von Egozentrik zur Kooperation

Negative Folgen, technisch: Egozentrik führt geradlinig zu anti-kommunikativem Verhalten. Es entsteht Undurchlässigkeit: Konflikte werden nicht mehr aufgedeckt, analysiert und gelöst, sondern gehören zum Besitzstand, der im Tresor steckt. Dort aber werden sie nie gelöst.

Negative Folgen, menschlich: Der Egozentriker schafft sich in kurzer Zeit eine Welt von dauerhaften Gegnern. Sie werden ihn treu begleiten. Das genügt vollauf für die Energiebindung in endlos-freudlosen Krampf-und Kampftagen, die unter Anklagen, Rechtfertigungen, Schuldzuweisungen und Selbstmitleid hingebracht werden. Mitarbeiter, die sich unverstanden fühlen, wenden sich ab, die soziale Vereinsamung ist da. Aus Schmollen wird endlich Resignation – aus dem scheinbar Unanfechtbaren wird der under-dog.

Negative Folgen, Unternehmen: Die Talente des Egozentrikers werden niemals ausreichen, um das Defizit für das Unternehmen auszugleichen, das aus dem Verlust an kooperativer Kreativität erwächst. Selbst das Genie kann die Energie nicht regenerieren, die es für die Organisation seiner Flucht vor den Mitmenschen braucht. Die Folge: verminderte Effizienz und Wirtschaftlichkeit. Denn: auch Personalkämpfe kosten bares Geld.

Soll: Klare Erkenntnis: Kooperation allein führt zu befriedigendem Arbeitsklima, schafft die bestmöglichen Arbeitsvoraussetzungen. An die Stelle der „einsamen Entscheidung" muß das „Hinhören" treten, die stete Bereitschaft, auch Argumente zu erwägen, die einem völlig fremd sind (Energienutzung). Klare Erkenntnis: ich bin weder allein auf der Welt noch bin ich Pächter aller Weisheit. Es ist wichtig, in Kategorien des Team-Geistes, des Fair play nach innen (Unternehmen) und außen (Kunden) zu denken.

Einstellungswandel: Es gilt, sich klarzumachen, daß auch die geringste, versteckteste, eben noch wahrnehmbare Neigung zur Menschenverachtung aufgegeben werden muß. In allen Disziplinen der Führungskunst (1-5) mag man mit der Note 3 sein Klassenziel erreichen, hier muß es die Note 1 sein. Nicht der Egozentrismus („selber essen macht fett") sichert uns ab, sondern die Kooperation. Kooperation und der Dialog mit dem Mitmenschen setzt auch den guten Umgang mit sich selbst voraus. Man muß nicht nur die anderen akzeptieren, sondern auch sich selber – mit allen angeborenen Stärken und Schwächen.

Die ethische Seite: Es ist die konsequente Beachtung des Liebesgebotes, die uns Glück einbringt und zu Erfolgen befähigt. Achtung vor Person und Würde, das Einhalten von respektvoller Distanz, das Akzeptieren der ambivalenten Natur des Mitmenschen, die positive Anerkennung seiner Schattenseiten und der Tatsache, daß er nur a n d e r s ist, beschreiben liebevolles Verhalten. Sie umschreiben denjenigen Begriff der Liebe, der Agape, für den die Deutschsprachigen nur das schwache Wort „Nächstenliebe" aufbringen können. Die Agape ist d a s ethische Prinzip, das wir durch alle 6 Regeln der Kunst des Führens einhalten.

Dies Prinzip allein ermöglicht Kooperation, die nicht ein Merkmal der Schwäche, sondern Ausdruck höchster Intelligenz ist.

Die pragmatische Seite: Es ist unmöglich, im Umgang mit Menschen erfolgreich zu sein, wenn man ihr S o s e i n nicht akzeptiert, nicht die Tatsache hinnimmt, daß sie keine vollkommenen Wesen sind, sondern mit Stärken und Schwächen, Tugenden und Lastern, guten und schlechten Gewohnheiten, Talenten, Temperamenten und Unfähigkeiten ausgestattet sind.

Theoretisch wird das bejaht – jeder hat davon gehört. In praxi erweist sich aber, daß wir geneigt sind, auf eine „Berechenbarkeit" des Mitmenschen zu hoffen – ganz einfach deshalb, weil wir's dann leichter haben. Die Bequemlichkeit ist es, die uns diejenigen vorziehen läßt, die „kalkulierbar" zu sein scheinen. Andere gelten als „schwierig", „kompliziert", „unmöglich". Ein guter Pragmatiker blickt weiter und wird immer flexibel bleiben, aufmerksam sein, „alles für möglich halten". Er wird den Mitarbeiter nicht bloß als „Experten in Sachen X" betrachten, sondern als den „ganzen Menschen" mit unverwechselbaren exklusiven Eigenschaften. Nur dann kann ihm die exzellente Führungskraft praktisch-methodisch richtige, d. h. ihm gemäße, Aufgaben zuteilen. Und in etwa mit Ergebnissen rechnen, die sie sich vorgestellt, prognostiziert hat. Sie darf mit weniger Enttäuschung rechnen und wird feststellen, daß ethisch richtiges Verhalten gleichbedeutend mit Effizienz ist. Übrigens auch mit Freude. ▰

Kooperation ist ein Teil der Kunst des Führens. Sie ist erlernbar.

7

Wenn wir eine Sache perfekt nennen, meinen wir, daß sie abgeschlossen und auf ihre Art nicht weiter zu verbessern sei. Ihre Problematik ist restlos durchdacht, alle denkbaren Fragen sind gestellt und beantwortet, auf Lösungen kann für alle Zeiten zurückgegriffen werden – sie gehören dem Fundus der zweiten Vergangenheit, eben dem Perfekt, an, aus dem man sie jederzeit wieder hervorholen kann.

Wäre, so die Vision des Perfektionisten, erst einmal **alles** perfektioniert, bliebe nur übrig, in die Trickkiste zu greifen und aus der rationalen Zusammensetzung von perfekten Detaillösungen jedwede neue Problemkonstellation ebenso perfekt zu lösen.

Gelänge es nur, das Imponderabil menschlicher Unzulänglichkeiten vor die Tür zu sperren, könnte eigentlich nichts mehr schiefgehen.

Natürlich denkt nicht einmal der Perfektionist so töricht – die tägliche Erfahrung belehrt ja auch ihn eines besseren.

Wahr ist, daß man in der Perfektionierung von Techniken, Verfahren, Operationen und Prozessen sehr weit gekommen ist, sehr viel erreicht hat. Wahr ist aber auch, daß die Möglichkeiten weithin überschätzt und natürliche Grenzen nicht immer erkannt werden. Die Gefährlichkeit des Perfektionismus liegt in seiner Vergangenheitsorientierung: Es ist angenehm, sich einer Wahrheit zu bedienen, die bislang durchaus vernünftig war, ohne daran zu denken, daß sie nicht notwendig auch Gültigkeit für heute und morgen besitzen muß.

Wenn wir eine Sache perfekt nennen und sie deshalb unhinterfragt einsetzen und benutzen, handeln wir im guten Glauben, weil wir sie für die Erfolgsgarantie nehmen. Das Streben nach Perfektionismus ist **deshalb** gefährlich, weil wir es leicht mit dem Streben nach Leistung und Effizienz verwechseln können. Perfektionismus tarnt sich als ultima ratio, dient sich als unteilbare Wahrheit an, als statisches Prinzip, das dem dynamischen Prinzip des Wandels konträr gegenübersteht und schon aus diesem Grund keine Allgemeingültigkeit besitzen kann.

Vom Perfektionismus zur Exzellenz

Perfektionismus versagt, wenn es um den Menschen geht, der, auf Dauer betrachtet, allein über alle Chancen eines Unternehmens entscheidet. Eine Trend-Wende ist eingeleitet, die an neue Perspektiven und Betrachtungspunkte denken läßt, wenn Fragen des Führungsstils diskutiert werden. Der Verdacht verstärkt sich, daß über der rational bestimmten Weltschau vergessen wurde, was für ungehobene Schätze im Mitmenschen stecken.

Ein Unternehmen wird nur dann exzellente Ergebnisse erzielen, wenn es dem Perfektionismus den richtigen Stellenwert zuordnet und sein Augenmerk hauptrangig auf den Mitarbeiter richtet. Deshalb sind Führungskräfte aufgefordert, ihren Stil im Umgang mit Menschen messend zu überprüfen, wenn sie in der Kunst des Führens weiter erfolgreich bleiben wollen.

Wir wissen, daß stets Einstellungswandel notwendig ist, um von verkrusteten Organisations-Strukturen zur Einbeziehung des Menschen zu kommen. Für die Führungskraft ist der Schritt vom Perfektionismus zur Exzellenz der Aufbruch aus der toten, öden, sterilen und überaus langweiligen Landschaft des Netzplans zu einem lebendigen Kontinent: Dort wohnt der Mensch.

Denn: Jede Führungsrichtlinie (und sei sie in der Sache noch so plausibel), die sich nicht mit dem Menschen beschäftigt, ist a priori zweitrangig. Jedwede Fokusierung auf den Menschen aber (und mag sie noch so nebensächlich erscheinen) hat Vorrang.

Wir resümieren: Die exzellente Führungskraft zeichnet sich dadurch aus, daß sie
- mit dem Mitarbeiter kommuniziert, statt ihn mit Informationen abzuspeisen und allein zu lassen,
- den Mitarbeiter zur selbstverantworteten Aktion ermuntert, statt von ihm bloß „regelgerechte Reaktion" zu erwarten;
- dem Mitarbeiter Konfliktscheu nimmt und ihn zur Risikobereitschaft ermutigt,
- dem Mitarbeiter Identifikation mit dem Unternehmen ermöglicht, indem sie ihm die Bedeutung seiner Mitarbeit klarmacht,
- dem Mitarbeiter Freiraum für Schwung und Pioniergeist einräumt, „Luft zum Atmen" gibt,
- dem Mitarbeiter die Vorzüge des kooperativen Verhaltens im Umgang mit Menschen inner- und außerhalb des Unternehmens als profitables Prinzip erläutert,
- diese an den Mitarbeiter gestellten Forderungen auch für sich selbst anerkennt und vorbildlich vor-lebt.

Folgerungen: Die Führungskraft muß erkennen, daß sie im Umgang mit ihrem wichtigsten Produktionsfaktor einer neuen und besonderen Herausforderung gegenübersteht. Sie sollte erkennen, daß sie sich damit lebenslange Aufregung einhandelt und ein Therapeutikum gegen Langeweile und Erstarrung. An die Stelle der Berechnung und rationalen Kalkulation muß das elegante Kalkül treten, denn die Sache Mensch ist keine Sache: sie ist täglich anders konditioniert, von Stimmungen und Gefühlen ebenso beeinflußt wie von wechselnden Wert- und Zielvorstellungen.

Ist aber Zusammenarbeit neu-begründet auf immaterielle Werte wie Vertrauen, Glaubwürdigkeit, Verlaß, Zuverlässigkeit, Treue, Achtung, Respekt, wird auch ein neues Reservoir an Energie erschlossen, das da und dort in Vergessenheit geraten konnte, weil Gerissenheit und Schläue, überlegener Intellekt oder auch purer Ehrgeiz und nackte Arbeitswut als Tugenden der Tüchtigen, als Garantie für Leistung galten.

Die exzellente Führungskraft überfordert den Mitarbeiter nicht, mehr noch: sie kann ihn gar nicht überfordern, weil sie weiß und zugesteht, daß er aus der loyalen Haltung agiert, s e i n Bestes zu geben. Mehr zu fordern (wie es der Perfektionist tut, um sicher zu sein, des äußerst Möglichen habhaft zu werden) ist sicherlich falsch. Denn er wird, bei bestem Willen, irgendwann freudlos zusammenbrechen, wenn ihm nicht Reste animalischer Vitalität anraten, zum Überleben in die innere Emigration zu gehen. Es ist eine Frage des behutsam kalkulierten Maßes, inwieweit man außerordentliche Anstrengungen von Mitarbeitern erwarten, fordern und abrufen kann. Häufig wird man bei maßgerechten Forderungen mehr bekommen als man erwartet hat.

Das exzellente Vorbild entfesselt mitunter Energien, die jedes Projekt, jede Planung, jede Arbeitsgemeinschaft, jeden Mitarbeiter vehement durchdringen.

Deshalb kann auch das Wagnis, das kalkulierte Risiko eingegangen werden, weil ein Mißlingen nicht als Niederlage empfunden wird, sondern als tour d'horizon, die Erfahrung bringt. Wagnis setzt Entschlossenheit voraus, die der Führungskraft den Ruf der Entscheidungsfreudigkeit einbringt, die bewundert wird. Die Folge ist abermals gesteigerte Loyalität und die Bereitschaft, mitzumachen, mitzuhalten, zu unterstützen.

Die exzellente Führungskraft ist vitaler Motor, reißt mit, begeistert, generiert Lust. Jeder Mensch ist begierig, ein Vorbild als Orientierungshilfe anzunehmen, wenn er unsicher ist. Er eifert nach, wenn er weiß, daß das Vorbild erreichbar ist. Das Vorbild mag Fehler haben, sich irren, unvollkommen sein – wenn es nur integer ist und ehrlich. Es ist leicht und befriedigend, einem integren Vorbild nachzueifern, weil es offen ist. Es ist frustrierend bis unmöglich, bei einem genialen Gauner in die Lehre zu gehen, weil der seine Methoden sorgfältig verstecken muß.

Die exzellente Führungskraft wird Problemstellungen nicht auf Gruppen „zuständiger Experten" begrenzen, sondern dafür sorgen, daß sie auf allen Ebenen diskutiert werden. Sie sorgt für eine vertikale Transparenz der Unternehmensprobleme und bindet alle Mitarbeiter in die Verantwortung ein, schafft Identifikationsmöglichkeit. Jeder möchte schließlich die Chance bekommen, brillant zu wirken. Erhält er sie nicht, wird er bald vermuten, daß der Schwierigkeitsgrad einer Rätsellösung etwas mit der Gehaltsklasse zu tun hat, ihn folglich nichts angeht.

Um zu summieren: Die exzellente Führungskraft wird alle Mitarbeiter wie Mündige, Erwachsene, wie Partner behandeln mit dem nämlichen Respekt, den man hierarchisch Gleichrangigen entgegenbringt. Sie wird sie in den Rang von Mit-Spielern und Mit-Gewinnern erheben ... auch in mittleren Etagen muß man sich als Top-Kraft fühlen können. Und: Siege sollen nicht nur errungen, sondern auch gemeinsam gefeiert werden. (Erfolgsbeteiligung.)

Wir wissen: Solcher Einstellungswandel erfordert commitment und setzt ein großes Maß an Ehrlichkeit und Aufrichtigkeit voraus. Wird der Einstellungswandel als Lippenbekenntnis, als taktisches Manöver, als List entlarvt, ist der Schaden größer als ihn jeder Perfektionist anrichten könnte. Mithin: die Anforderungen an die exzellente Führungskraft sind nicht geringer, sondern größer geworden. Dafür bringen sie mehr Erregung und Befriedigung – man kann auch Spaß dazu sagen.

Exzellenz hat einen gesellschaftlichen Aspekt jenseits des Unternehmens, an dem das Unternehmen gleichwohl Anteil hat. Denn: das exzellente Unternehmen handelt sozial verantwortlich, was den Respekt vor der Einstellung, Haltung und Würde „seiner" Menschen angeht. Zu „seinen" Menschen gehören auch deren Familien, Freunde, Gesinnungsgenossen. Das exzellente Unternehmen wird also dafür sorgen wollen, daß es sich über seinen Mitarbeiter, der sich mit Moral und Haltung des Unternehmens identifiziert, auch außen richtig darstellt. Es wird dies um so gewissenhafter tun, je mehr sich das Umfeld seiner direkten Kontrolle und Einflußnahme entzieht. Es wird den Mitarbeiter als Anwalt und Botschafter betrachten.

Daher ist nur logisch: Auch das Unternehmensziel muß ethischen und moralischen Ansprüchen genügen. Der Mitarbeiter, der das Ergebnis seiner Arbeit nicht guten Gewissens in den eigenen Wertvorstellungen unterzubringen vermag, wird allergrößte Identifikationsschwierigkeiten haben. Wie könnte er beispielsweise hinter einem Produkt stehen, das er für ökologisch bedenklich hält, wie hinter einer Dienstleistung, von der er vermutet, daß sie seinen Mitmenschen keineswegs dienlich ist?

Und überträgt nicht umgekehrt die Gesellschaft von außen Wertvorstellungen und damit Erwartungen auf das Unternehmen? Erwartet sie nicht Exzellenz?

Gerät der Mitarbeiter hier in unauflösbare Konflikte, wird ihm hier schizophrenes Denken abverlangt, wird er sich eines Tages offen oder verdeckt verweigern.

Also werden exzellente Unternehmen und ihre Führungskräfte mit großem Ernst darauf achten, daß gerade diese Identifikationsmöglichkeiten erhalten bleiben, verstärkt und gefördert werden.

Alles Wissen über Regeln

und Aspekte der Kunst des Führens ist nutzlos, wenn man es nicht für sich selbst anwendet und vor-lebt.

„Wenn Du Menschen führen willst, mußt Du hinter ihnen gehen." (Lao-Tse)

Es ist noch Raum da

Es ist noch Raum da

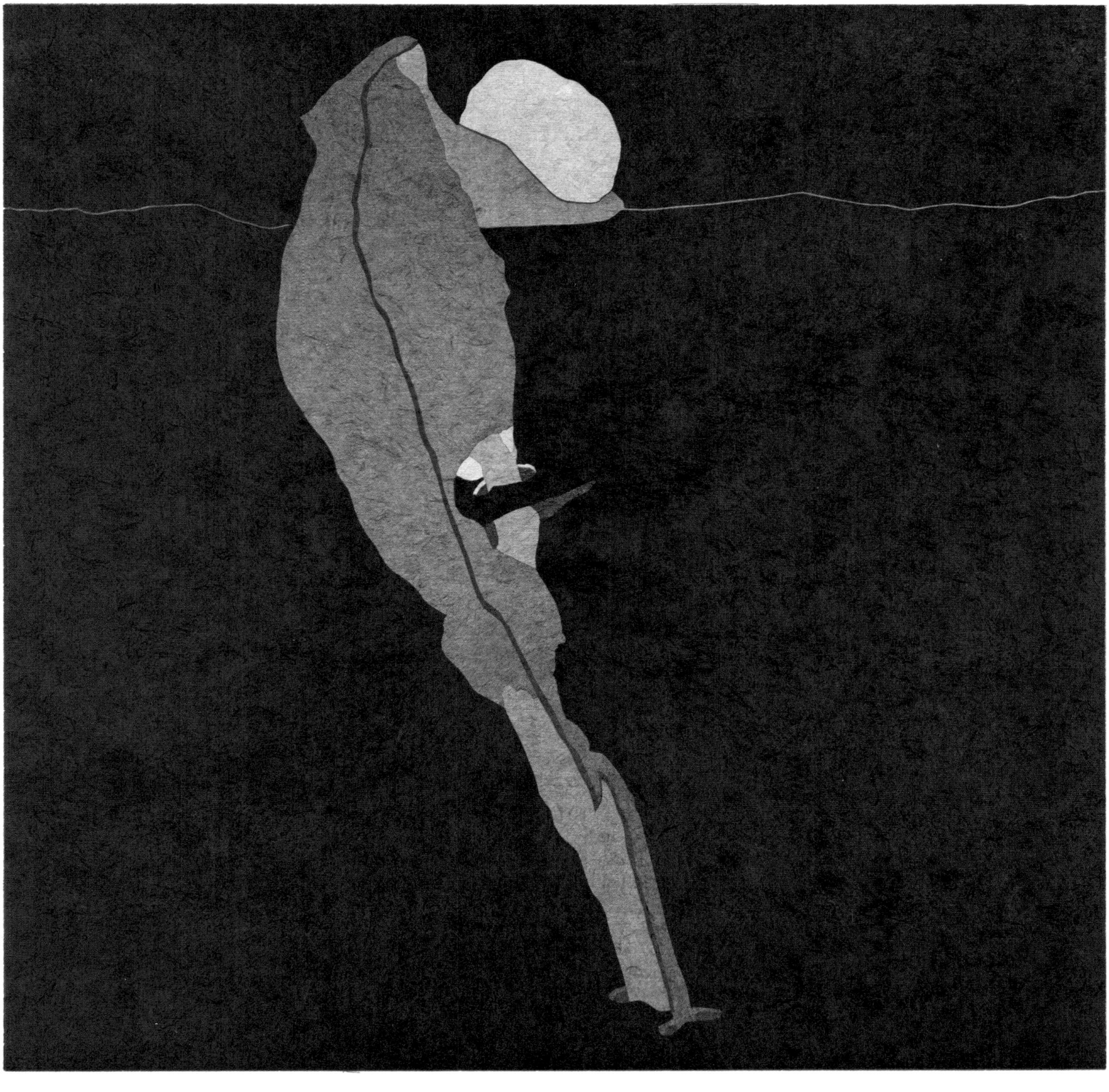

Wir sind
das Institut für angewandte Kreativität IAK
1970 in Köln gegründet, verfügen wir seit 1980 über ein weiteres Seminarzentrum: das IAK Forum Grube Louise im Naturpark Westerwald.

Wir machen
Kreativitäts- und Entscheidungstraining
Kooperations- und Teamtraining
Organisations- und Innovationsberatung
Trainerausbildung
TETA Seminare für die obere Managementebene:
Strategien zum Einstellungs- und Bewußtseinswandel in der Kunst des Führens.

Wir haben
Führungskräfte aus diesen Unternehmen trainiert:
Audi NSU Auto Union AG, ARAL AG, AEG, Akzo Chemie GmbH, Bayer AG, BASF AG, Bertelsmann Verlag, Benton & Bowles und Partner Werbeagentur, British American Tobacco, Bayerische Motoren-Werke AG, Bundesakademie für öffentliche Verwaltung, Bundesverband junger Unternehmer, Bayerische Rückversicherung, Boehringer Mannheim GmbH, Boehringer Ingelheim KG, Ciba Geigy GmbH, Cassella Riedel Pharma GmbH, Capital, Daimler Benz AG, Deutsche Unilever GmbH, Deutsche Krankenversicherung, Deutsches Institut für Betriebswirtschaft, Deutsche Bundesbahn, Deutsche Bank AG, Deutsche Lufthansa AG, Dachser Spedition, Deutsche Gesellschaft für Personalführung, Deutsche Rhodiaceta AG, Esso AG, Erdölchemie GmbH, Ford AG, Gruner + Jahr Verlag, Gerling Konzern, Gervais Danone AG, Hapag-Lloyd, Henkel KGaA, Hesterberg & Söhne GmbH, Hernstein Institut, Handelsblatt GmbH, Horten AG, Hertie GmbH, Hilti AG, Hamburger Electricitätswerke, Internationales Design-Zentrum, IBM Deutschland GmbH, Jünger & Gebhardt AG, Knoll AG, Ernst Klett Verlag, Karstadt AG, Kühne & Nagel International AG, Krauss Maffei AG, Lingner & Fischer GmbH, Linde AG, Lintas Werbeagentur, Lindt & Sprüngli GmbH, 4711 - Ferd. Mülhens, Messerschmidt-Bölkow-Blohm GmbH, Neckermann Versand AG, Nixdorf Computer AG, Otto Versand, Olympia-Werke AG, Dr. Oetker, Verlag Organisator, Philips GmbH, 4P Verpackungen GmbH, Pelikan-Werke GmbH, Preussag AG, R. J. Reynolds Tobacco GmbH, Reemtsma, Rheinmetall GmbH, RKW, Ruhrkohle AG, Saarberg Werke AG, Suchard GmbH, Sony GmbH, Stiebel Eltron GmbH & Co. KG, Sanol Schwarz GmbH, Schmalbach Lubeca GmbH, Sandoz AG, Siemens AG, Axel Springer Verlag AG, Sulzer AG, Sandvik GmbH, Carl Schenck AG, Shell AG, Schiesser AG, Der Spiegel, Telefonbau und Normalzeit, Touristik Union International, Tengelmann, Tropon Werke GmbH & Co. KG, TEAM BBDO Werbeagentur, Volkswagenwerk AG, Verband der aluminiumverarbeitenden Industrie, Verlag Buch und Wissen, Westdeutscher Rundfunk, Wander AG, C. A. Weidmüller KG, WELLA AG, Die Welt, Wilkinson Sword GmbH